LA LÉGITIMITÉ

DU SERMENT CIVIQUE,

PAR M***,

CONVAINCUE D'ERREUR.

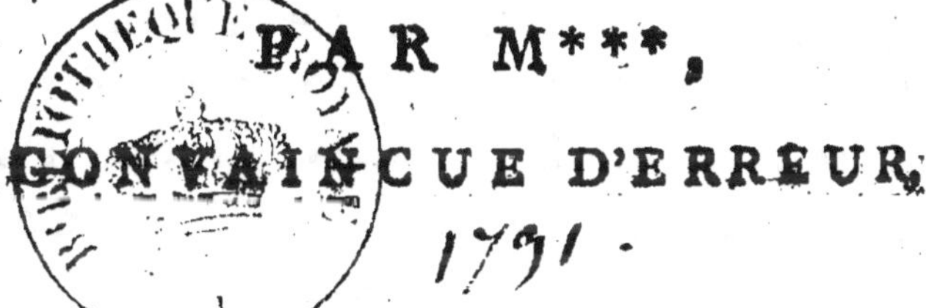

AVERTISSEMENT.

IL a paru plusieurs apologies *du serment pres-
crit* aux ecclésiastiques, qui toutes ne font
que se répéter, sans s'embarrasser si on en a démontré l'illégitimité dans plusieurs écrits, tels que
le *serment civique*, les *réflexions sommaires*, &c.
Il suffiroit donc d'y renvoyer. Mais dans une
circonstance où un schisme déplorable menace
l'église, il ne faut pas plaindre sa peine, pour
éclairer de plus en plus. C'est ce motif qui a
fait entreprendre la réfutation des deux écrits
intitulés *Légitimité du serment civique*; l'un ano-
nyme, l'autre de l'abbé Grégoire.

Pour les sieurs Monnel & la Croix, ce seroit leur faire trop d'honneur que d'y répondre;
le titre indécent que ce dernier a donné à son
écrit, *réfutation de toutes les déclamations épiscopales*, suffit, aux yeux des indifférens même,
pour apprécier & l'écrit & l'auteur. On peut
d'ailleurs s'adresser à ses confreres Prémontrés,
pour en savoir davantage, & à l'abbaye Saint-
Victor, pour évaluer la lettre approbative de
l'abbé *Mulot*.

LA LÉGITIMITÉ

DU SERMENT CIVIQUE,

PAR M***.,

CONVAINCUE D'ERREUR.

JE ne comptois pas, Monſieur, revenir ſur la queſtion du *ſerment civique*, liée à une infinité d'autres longuement diſcutées. J'étois honteux d'avoir tant inſiſté ſur une matiere dont les principes ont toujours été regardés juſqu'ici comme inconteſtables, & les conſéquences évidentes pour tout eſprit raiſonnable, qui ne met pas à la place des notions ſimples & toujours avouées des diſtinctions forgées par le beſoin, des ſubtilités déplacées dans toute controverſe, mais infiniment coupables, quand il eſt queſtion de faire intervenir la divinité par un acte auſſi redoutable que le ſerment. J'étois, je vous l'avoue, fatigué de cette querelle ; mais vous me forcez d'y revenir : je vais donc le faire, & je ſouhaite

A

que vous n'éprouviez pas la vérité de cette parole du fage *bos laffus fortiùs figit pedem.*

Avant tout, j'ai nié hardiment la compétence de l'Affemblée, pour les objets fur lefquels elle a prononcé, & par conféquent pour le ferment par lequel elle prétend fanctionner fes entreprifes ; incompétence prife & d'elle-même & de la nature de certains objets. Vous foutenez qu'on ne peut férieufement lui contefter fon autorité, qu'elle étoit fouveraine de *droit* & de *fait* ; qu'eût-elle de fait ufurpé la fouveraineté, on devroit lui obéir comme à Néron & aux empereurs parvenus à l'empire par le meurtre & le poifon ; qu'elle l'avoit *de droit*, puifque convoquée légitimement, & librement élue, des circonftances orageufes & inouies l'ont *impérieufement contrainte de s'inveftir de cette autorité* qu'on voudroit aujourd'hui lui contefter ; & qu'enfin quand elle auroit excédé fes pouvoirs, ce défaut a été couvert par l'approbation générale, par cette grande fédération, qui a juré de maintenir la conftitution.

Voilà bien le précis de votre favante théorie. On ne doit pas vous faire un crime d'être peu au fait de ces matieres ; votre âge & la nature de vos occupations ne vous ont pas mis à portée d'approfondir ces queſtions de droit public ; mais il eſt aiſé de vous faire toucher au doigt vos erreurs.

1º. Cette ſouveraineté de l'Aſſemblée dont vous nous parlez eſt une chimère ; ce ſeroit même un attentat à la ſouveraineté nationale. Que nous aurions donc de Souverains ! Le monarque qu'on pourroit peut-être, quoi qu'on en diſe , regarder encor comme le ſouverain, ou au moins le premier agent de la ſouveraineté , la nation en qui réſide la ſouveraineté, & l'Aſſemblée Nationale, qui eſt auſſi le ſouverain. Voilà bien des ſouverains , & au milieu de tout cela on ne veut pas qu'il y ait *de ſujets* ; ce terme tient à l'eſclavage.

2º. L'Aſſemblée non-ſeulement n'eſt pas le ſouverain, mais elle ne peut pas même être le répréſentant de la ſouveraineté. La ſouveraineté ne ſe repréſente point, pas plus que la volonté générale & ſouveraine. Le grand Rouſſeau, ce héros , l'oracle de nos légiſlateurs, vous l'apprendra tout-à-l'heure.

3º. L'Aſſemblée eſt la réunion des députés de différens bailliages, qui par eux-mêmes ne ſont rien , ne peuvent rien , qui ſont ce qu'on les fait , qui tiennent tous leurs pouvoirs de leurs commettans ; ce ſont des fondés de procurations , à qui on a tracé leur marche, les opérations dont ont les chargeoit , qui ne peuvent en rien s'en écarter, fous peine d'être défavoués. Et cette théorie des mandats n'eft point, comme vous le dites fort leftement , *une petite reſſource*, c'eſt un principe fondamental ; & ce n'eft que la néceſſité de ſe donner des pouvoirs qui a fait imaginer ce paradoxe tout neuf, de mandatai-res qui *s'inveſtiſſent d'une autorité* qu'on ne leur avoit point donnée , de commis dont l'état change ſubitement par une opération ſpontanée , qui tout-d'un-coup ſe trouvent revêtus d'un droit inoui & ſans exemple , de ſe créer eux-mêmes *Puiſſance*, de ſe faire ce qu'ils jugeront à pro-pos, Aſſemblée *conſtituée*, Aſſemblée *conſtituante;* le *ſouverain* : & c'eſt avec le ton de la perſua-ſion que vous nous débitez ces rêves politiques. Nous prenez - vous pour des enfans qu'on étour-dit avec de grands mots ? Eſt-ce que la nation, en faiſant des députés porteurs de ſes ordres , les a fait à ſes plénipotentiaires ? Ils ne l'étoient pas en arrivant , vous en convenez, comment donc le ſeroient-ils devenus? Elle ne s'eſt pas aſſemblée de nouveau ; ils ne ſont donc que ce qu'ils étoient quand elle les a envoyés.

4°. Mais l'Aſſemblée, dites-vous, étoit chargée par pluſieurs cahiers de *faire une conſtitution* : ſans dou-te; mais étoit-ce une conſtitution de fantaiſie, de caprice , une conftitution qui bouleverfât tout ce qu'on ordonnoit expreffément de conferver? Non affurément; une conftitution, dont on fixoit les bâ-fes, & dont on pofoit les fondemens. Or , ces bâfes prefcrites dans tout les cahiers ont été renverfées ; ces fondemens ont été arrachés ; on a dénaturé une monarchie qu'il étoit expreffément ordonné de maintenir , on a violé toutes les propriétés que tous les mandats avoient impérieufement commandé de conferver : on a ofé tout ce qui n'avoit été demandé par aucune des affemblées élémentaires , ce qu'elles n'imaginoient pas même pouvoir être ordonné par la puiffance civile; la fuppreffion de 53 fiéges épifcopaux , le change-ment de toutes les bornes de jurifdiction, des formes d'élections bizarres , qu'on donne pour le retour à l'antique ufage , & qui le contredi-fent, &c. , on a été jufqu'à cet excès de vouloir

r contre la nation même , ce pouvoir qu'on tenoit d'elle , jufqu'à prétendre qu'on n'étoit tenu à aucuns des principes qu'elle avoit declaré, im-muables , jufqu'à lui dire qu'elle avoit perdu le droit de donner jamais le même pouvoir qu'on s'étoit arrrogé, qu'elle ne pouvoit faire que des affemblées *conflituées* & non *conflituantes*, qu'on pouvoit tout faire, & qu'elle ne pouvoit rien défaire de ce qu'on auroit conflitutionnellement fait :

comme fi le même principe qui fait dériver de la fouveraineté de la nation tous les droits que fes délégués exercent en fon nom, ne prouvoit pas qu'elle ne peut jamais s'en dépouiller, qu'elle ne peut aliéner un apanage qui n'eft pas même communicable, parce qu'il eft impoffible que la nation abdique ou tranfmette le droit inceffible de la fouveraineté qu'on lui fuppofe; comme fi les déclamations violentes de quelques parleurs emportés pouvoient légitimer des invafions de pouvoir, dont la nation elle-même ne peut fe deffaifir.

5°. Vous ne manquez pas de nous dire que tout cela eft couvert par une approbation générale, par l'affentiment de la nation fi énergiquement prononcé, par les nombreufes adreffes envoyées à l'Affemblée Nationale, & fur-tout par ce ferment folemnel de la fédération.

A l'égard des adreffes, je vous l'ai dit, & je le répete, je défie tous les fecrétaires de l'Affemblée de me démentir, qu'elles font par-tout l'ouvrage de quelques factieux foudoyés, qui étouffent par la terreur la voix de tous les honnêtes gens; qu'elles font démenties par cent autres, où, malgré les cris du fanatifme, on a fait parvenir à l'Affemblée le cri de la vérité; que fi on vouloit fouiller dans les archives, on trou-

veroit plus de reproches que d'éloges de la pa.
des provinces ; que tandis que des secrétaires habiles mettent de côté les justes plaintes, de ri-
dicules panégyriques , fabriqués par le mensonge
ou adoptés par la crédulité, obtiennent l'honneur
de la lecture publique, & qu'il en est de ces
adresses comme des vœux sur les assignats , que
trente villes de commerce repoussoient, contre
deux ou trois qui y applaudissoient.

L'approbation donnée par le serment de la fédération a quelque chose de plus sérieux, & il
faut y répondre de maniere à le faire dispa-
roître.

La loi n'est & ne peut être que l'expression
de la volonté générale , & ce *qui lie tous les in-
dividus doit être l'expression de la volonté de tous*,
comme on l'a dit dans l'Assemblée : or la volonté de tous , la volonté générale ne se représente point , dit l'homme honoré d'une statue
(Rousseau) (1) ; elle se produit, s'annonce, se

____

(1) La souveraineté de la Nation ne peut jamais être
représentée, par la raison qu'elle ne peut être aliénée.
Elle consiste essentiellement dans la volonté générale , &
la volonté ne se représente point ; elle est la même, ou
elle est autre ; il n'y a point de milieu. Les députés du
peuple ne sont donc ni ne peuvent être ses représentans ,

manifeste elle-même. La même nation qui a donné ſes pouvoirs à ſes mandataires, peut ſeule s'aſſurer s'ils les ont remplis. Elle ne peut ratifier les loix, les rendre nationales, que de la même maniere qu'elle a chargé de les dreſſer. Il faut donc que ces loix lui ſoient reportées, que dans toutes les aſſemblées élémentaires elles ſoient connues, examinées. Alors ſi la grande pluralité de ces aſſemblées les adopte, elles deviennent la volonté générale, la volonté nationale. Juſques-là elles ne ſont & ne peuvent être que des projets. Vous venez d'en voir un exemple frappant dans la nomination à la municipalité de Paris. Chaque ſection étoit chargée de nommer trois ſujets, mais enſuite on a voulu que ceux qui n'avoient eu que les ſuffrages de chacune de leurs ſections particulieres, repaſſaſſent ſous les yeux de toutes les ſections, afin que le vœu général ſanctionnât chaque nomination particuliere, & que les 44 fuſſent vraiment les repréſentans de la Commune entiere.

Comparez maintenant cette marche à la tu-

---

ils ne peuvent être que ſes commiſſaires, ils ne peuvent rien conclure définitivement. Toute loi que le peuple en perſonne n'a pas ratifiée eſt nulle, ce n'eſt point une loi.
(Rouſſ.

multueufe approbation de vos fédérés. Qu'étois-ce, s'il vous plaît, que cette affemblée ? On mande de députer à Paris, un extrait, non des citoyens éclairés, mais des gardes nationales, pour une fête au Champ de Mars. Là tous s'engagent, par un ferment folemnel, à maintenir tous les décrets de la nouvelle conftitution. Mais les a-t-on lus, les a-t-on examinés ? A-t-on donné une approbation raifonnée ? Oferiez-vous même dire que la centieme partie de ces fédérés en eut lu un feul ? Quel cas faites-vous, Monfieur, de ces acceptations des décrets de Rome, qu'on reçoit fans examen dans certains pays, fur le fondement de l'infaillibilité du Pontife qui les donne ? Par quel enchantement nous vantez-vous donc, comme un affentiment refléchi, comme une approbation donnée en connoiffance de caufe, un ferment prononcé en cohue, fans en connoître l'objet précis, fans favoir à quoi on s'engage, dans cet amas d'arrêtés *in globo*, qu'on jure de maintenir ?

Mais étoit-ce bien à vous, Monfieur, revêtu d'un caractere augufte, à nous vanter cette fédération, qui a fait verfer des larmes ameres à toutes les perfonnes religieufes, où la fainteté du ferment a été fi horriblement profanée, où le plus redoutable de nos myfteres a été fouillé par le tumulte , les blafphêmes , les fcandales de toutes les efpeces ; tandis que l'Eglife , jufque dans fon dernier Concile , défend à fes minif- tres de le célébrer , s'ils ne fe font pas affurés auparavant que ceux qui y affiftent montrent par leur extérieur le plus profond refpect & le plus faint tremblement.

—————

Vous venez enfin aux trois conditions du ferment.

Difcernement , vérité , juftice, que j'abrege le plus qu'il fera poffible. J'ai montré qu'on ne peut jurer avec *difcernement* ce qu'on ne connoît pas, ce qu'on ne peut pas même connoître , parce qu'il n'eft pas décrété. Vous croyez répondre très-folidement , en difant que dans toute fociété la volonté individuelle doit être foumife à la volonté générale ; que l'on fe foumet d'avance à toutes les loix qui feront décrétées par ceux qu'on a chargé de les faire ; que le ferment de fidélité emporte l'engagement de fe foumettre à tout ce qui fera établi dans la fuite ; que les magiftrats s'engagent à maintenir les loix faites & à faire ; que deux perfonnes en différend jurent de fe fou- mettre à l'arbitre choifi , quoique la décifion ne foit pas connue.

Et bien, malgré le ton de confiance avec lequel vous avancez ces affertions, je vous réponds hardiment qu'elles font infoutenables ; que jamais homme raifonnable ne s'eft foumis d'avance à toutes les loix qu'une autorité faillible auroit la fantaifie de décréter ; que le ferment de fidélité oblige à demeurer foumis au Prince, à ne jamais fe révolter contre lui, mais non à approuver, & encore moins à *maintenir* de toutes fes forces les loix quelquefois injuftes, qu'il jugera à propos de publier ; que jamais les magiftrats ne font liés par ferment à maintenir des loix auxquelles ils ont fouvent oppofé une inflexible réfiftance ; & qu'enfin en promettant d'avance de s'en rapporter à un arbitre, on ne fait que tranfiger fur ce dont on a droit de difpofer.

Mais je vais prendre un moyen plus fimple & vous ramener aux élémens du catéchifme. Celui du Concile de Trente, qui jouit d'une eftime générale, vous dit que, pour que le ferment foit fait avec difcernement, il faut que la chofe jurée foit *certainement vraie*, & qu'on foit pleinement *affuré* qu'elle l'eft. Or, outre qu'il y a beaucoup d'erreurs renfermées dans les décrets connus qu'on jure de maintenir (comme je le prouverai tout à l'heure), il eft certain qu'on

(12)

ne peut être pleinement afluré de la vérité de
ceux qu'on ne connoît pas , puifqu'à ce moment
même on ne fait pas encore qui font ceux qui
font conftitutionels & l'objet du ferment , ou
feulement réglémentaires ; & en voici la preuve :
c'eft que l'Affemblée a établi un comité pour
en faire le difcernement , que le 22 de ce mois
M. Bouche & d'André ont avancé qu'on *igno-
roit les limites qui les féparoient* , & qu'il falloit
en *déterminer le caraclere* , ce qui a été adopté.
Or , répondez-moi , jurez-vous de maintenir le
décret qui légitime l'ufure ? Ce droit coupable
d'employer ainfi l'argent eft - il conftitutionel
ou facultatif ? Je défie tous ces gens fi hardis à
jurer de me le dire ; ils peuvent le préfumer , le
conjeéturer , mais il leur eft impoffible de l'af-
firmer avec certitude : comment donc peuvent-
ils le jurer avec difcernement ?

Vous gliffez prudemment fur les deux conditions de la *vérité* & de la *juflice* , parce qu'il
vous étoit impoffible de vous refufer à l'évidence
des preuves que j'ai données , qu'en faifant le
ferment de maintenir la conftitution , on juroit
de maintenir comme *vérités* des erreurs démon-
trées telles , de fanétionner comme *juftes* des in-
juftices criantes , qu'on n'entreprend pas même
de juftifier ; mais votre grande défenfe , & que

vous développez avec étendue, c'eſt que l'Aſſemblée, en exigeant le ſerment de *maintenir
de tout ſon pouvoir la conſtitution*, n'exige rien
de plus qu'une ſoumiſſion & une obéiſſance extérieure (1) ? Il faut donc vous forcer dans ce re-
tranchement.

1°. Vous devez aſſurément convenir qu'il y a
au moins ici de l'équivoque ; que ſi vous croyez
que *maintenir* ſignifie ſeulement *obéir*, beaucoup
de gens ſenſés, qui connoiſſent un peu la valeur des termes, n'y donnent pas le même ſens.
Or comment pouvez-vous vous perſuader qu'il
ſoit permis de faire un ſerment ſur des notions
équivoques, ſur des expreſſions dont la valeur
n'eſt pas clairement déterminée, enſorte que du
ſens qu'on y donne, dépend la vérité ou la fauſ-
ſeté du ſerment ? Quoi ! il ſera permis de faire
intervenir la divinité même, dans une déclara-

----

(1) Je devrois relever cette contradiction ridicule que
vous me prêtez de dire tout-à-la-fois que *la ſoumiſſion
à la conſtitution eſt un devoir , & qu'on ne doit pas même
ſe ſoumettre à la conſtitution.* Ce ſeroit une ineptie, dont,
ſans effort, vous pouvez me croire incapable. J'ai dit,
qu'il étoit des décrets auxquels on devoit obéir, d'autres auxquels on ne devoit pas ſe ſoumettre, mais qu'on
ne pouvoit être tenu de jurer d'en maintenir aucun.

tion indéterminée ! Ignorez-vous donc ce que c'eſt que le ferment, que non-ſeulement il faut qu'on croie la choſe vraie, mais qu'elle le ſoit certainement, que l'interpellation de la Divinité dit hautement, Dieu qui eſt la vérité même, voit la choſe de la même maniere que je l'affirme : or l'équivoque, l'ambiguité, l'opinion, peuvent-elles s'allier avec la vérité eſſentielle ? Cette réflexion ſeule repouſſe d'abord votre ferment.

2°. Ouvrez, Monſieur, les dictionnaires : *maintenir*, dit Trévoux, c'eſt *défendre*, *ſoutenir la vérité* d'une choſe ; ce n'eſt donc pas ſeulement s'y ſoumettre, c'eſt la ſoutenir vraie ; ce n'eſt donc pas une ſimple obéiſſance d'automate, c'eſt un *aſſentiment intérieur* (1). C'eſt, ajoute-

---

(1) Des déclarations verbales dans l'Aſſemblée contre des textes écrits ſont frivoles. Vous nous dites que l'Abbé Grégoire a avancé que l'Aſſemblée ne demandoit pas l'*aſſentiment intérieur*. Oui, cette aſſertion a été repouſſée comme *immorale*, même par le côté gauche, même par Mirabeau. Un petit argument, Monſieur, *ad hominem*. La déclaration verbale d'un évêque qui vous auroit dit que dans le Formulaire d'Alexandre VII, il ne demandoit point le fait, vous auroit elle ſuffi pour ſigner la formule où il étoit écrit ?

t-il , *rendre ferme* , *appuyer* , *conferver en état*.
Ainſi jurer de *maintenir* la conſtitution , c'eſt
s'engager à la rendre inébranlable , à *l'appuyer*
contre tout ce qui pourroit l'ébranler, à la *con-*
ferver en état de loi obligatoire ; non-ſeulement
ſans ſe rien permettre contre, mais en oppoſant
toutes ſes forces, tout ſon pouvoir , à qui oſe-
roit le tenter : & enfin en *choſes morales* , *main-*
tenir , c'eſt donner ſecours, *foutenir* , *défendre* ,
faire ſubſiſter ; c'eſt faire *l'office du magiſtrat*
pour *maintenir la loi*. Eh ! bien , Monſieur, eſt-
ce-là de la ſimple obéiſſance ? L'action ! du magiſtrat qui maintient , ſe borne-t-elle à une ſimple obéiſſance paſſive ? Maintenir , dit l'abbé
Roubeau dans ſes ſynonimes , c'eſt *défendre* , con-
ſerver, vous maintenez *ce que vous voulez qui*
dure ; on ne peut donc concourir à le faire
changer.

3°. Mais liſez donc au moins la formule du
ſerment, voyez les deux parties ; & obſervez la
grande différence que l'Aſſemblée elle-même met
entre la premiere & la ſeconde. Dans la premiere, on jure *d'obéir* ; dans la ſeconde, on
jure de *maintenir*. J'ai reproché à l'Aſſemblée
un pléonaſme puéril ; mais ici vous lui en prêtez
un qui ſeroit inſenſé , ſi par la ſeconde partie
elle n'exigeoit que l'obéiſſance preſcrite par la

premiere. Aussi n'est-ce pas là son intention : elle veut la perpétuité de sa constitution : elle soutient même que les autres législations, qui ne feront qu'assemblées constituées, ne pourront ce qu'elle, assemblée constituante, a décrété par sa constitution. Pour empêcher qu'on ne l'ébranle, elle lie par le serment toutes les puissances, tous les efforts, toutes les plumes qui pourroient la renverser ; elle commande pour elle les deux grands moyens qui servent à maintenir *concilio* & *opere* , & par une suite nécessaire elle défend tous ceux qui seroient dirigés contre elle. Qu'il demeure donc comme constant & prouvé, que non-seulement il faut *obéir* , mais qu'on jure de *maintenir* les décrets constitutionels. Or l'obéissance en elle-même ne suppose point la conviction personnelle de la bonté de la loi, au lieu que le serment de *maintenir* suppose l'approbation de la part de celui qui jure. Celui qui a promis d'obéir ne doit que cela, celui qui jure de *maintenir* s'est engagé à tout faire pour protéger & étendre l'empire de *la loi*.

Maintenant j'ai à établir, que non-seulement on ne peut maintenir, mais qu'on ne doit pas même obéir aux décrets qui reglent la *constitution* prétendue *civile* du Clergé , parce que ce seroit

acquiescer

acquiefcer à une erreur générale , qui eft la bafe de cette conftitution , & à toutes les erreurs de *détail* qui en font le développement. Prouvons-le.

Quelle eft cette erreur fondamentale ? C'eft qu'une affemblée purement civile ait eu le droit de donner à l'Eglife une difcipline ; de créer ou fupprimer des fiéges épifcopaux ; de délier des pafteurs du ferment qui les lie à leur troupeau , & le troupeau de celui de l'obéiffance ; de communiquer , d'étendre ou de reftreindre l'exercice de la jurifdiction , de créer une autorité métropolitaine : or je foutiens que cette prétention eft une *erreur* dans l'ordre de la foi , que la puiffance fpirituelle feule a ce droit. Et voici mes preuves.

1°. Jefus-Chrift, en établiffant fon églife, n'ayant pas pu faire un ouvrage imparfait , lui a donné tout ce qu'il falloit pour le gouverner. Ce principe eft évident. Or , tout gouvernement fuppofe des loix qui le régiffent , des magiftrats qui les font obferver , une graduation d'autorités fubordonnées : donc l'églife a néceffairement le pouvoir radicale d'établir tout cela ; le contraire eft une erreur dans l'ordre de la foi : mais en même-temps perfonne ne l'a avec elle ; car:

2°. L'églife eft un *royaume* que Jéfus-Chrift eft venu établir , dont il a déterminé la nature ,

B

les objets, *loquens de regno Dei.* Ce royaume très-réel eft cependant étranger au monde, *non eft de hoc mundo;* fes fujets fa fin ; fes moyens font tous dirigés à une autre vie, & les intérêts des temps n'y entrent pour rien. Or, toute fouveraineté eft, par fa nature, indépendante, feule ayant droit de commander dans fon reffort. Donc nulle puiffance étrangere ne peut rien dans ce royaume fpirituel; ne peut lui donner des loix, des chefs, fe mêler de fon adminiftration : le contraire feroit une erreur & en politique religieufe, & en politique civile.

3°. L'effence de toute autorité adminiftrative eft fondée fur la nature même du principe qui l'a créée : or il eft de foi que c'eft l'Efprit faint qui a établi les évêques, les pafteurs, pour gouverner l'églife de Dieu : *Spiritus pofuit epifcopos regere ecclefiam Dei.* Donc il a pû feul communiquer les pouvoirs néceffaires pour conftituer ce *régime,* le régler, le modifier fuivant les circonftances ; & toute affertion contraire eft une erreur, puifqu'on contredit cette vérité révélée : *Spiritus pofuit epifcopos regere.*

4°. Suivant faint Paul, tous les différens minifteres qui s'exercent dans l'églife ont été diftribués, de maniere à remplir tous fes befoins ; les uns font *apôtres,* d'autres *docteurs,* ceux-ci font

faits pour *inftruire*, ceux-là pour *gouverner*, &c.
Or , fi toute autre autorité que celle de Jefus-
Chrift y eft néceffaire , ou peut y influer ; donc
il n'a pas déterminé, fixé tous les minifteres, la
maniere de les conférer dans toute la fuite des
fiecles, ce qui eft un vrai blafphême.

5°. L'églife pendant 300 ans a été en poffef-
fion de régler feule fa difcipline , les fonctions
de fes miniftres, l'étendue de leur autorité , les
moyens qui devoient la communiquer. Ou la
converfion des empereurs lui a donné quelque
chofe d'effentiel qu'elle n'avoit pas , ou elle
lui a fait perdre des droits qu'elle avoit. Or ,
l'un & l'autre eft inconciliable avec la promeffe
de Jefus-Chrift , d'être avec elle jufqu'à la con-
fommation des fiecles : donc toute entreprife à
cet égard renferme une prétention vifiblement
erronée.

6°. Depuis 16 fiecles l'églife prononce en
fouveraine fur la difcipline, comme fur le dogme;
& ce droit, dit Fleuri , dérive de l'inftitution
même de Jefus-Chrift & de la pratique des Apôtres (7ᵉᵐᵉ Difc). Si on excepte quelques faits ifolés
d'ufurpation contre lefquels elle s'eft élevée &
qui ont été réparés , jamais elle n'a fouffert que
la puiffance féculiere dictât des loix , prétendît
organifer fon gouvernement. De trois chofes l'une,

ou elle avoit ce droit exclufif, ou elle a cru mal-
à-propos l'avoir, ou elle l'a fciemment ufurpé. Or,
ces deux dernieres hypothefes annonceroient de
fa part l'erreur ou l'injuftice ; donc on ne peut fans
crime lui contefter fes droits, ou les lui faire partager avec perfonne.

7°. Enfin fi la diftinction des deux puiffances
n'eft point une chimère, tout ce qui appartient
effentiellement à l'une ne peut jamais appar-
tenir à l'autre : dogme, difcipline, peu importe,
la nature feule des objets établit la démarca-
tion des refforts. Or, fi la puiffance fpirituelle
entreprenoit d'établir des tribunaux civils, d'en
fupprimer, de placer des adminiftrateurs, de
graduer les pouvoirs, de fixer les territoires, on
la regarderoit comme uniffant le délire à l'incompétence ; donc la puiffance temporelle n'a
pas plus de droit d'agir dans le reffort de l'autre ; donc toute doctrine contraire eft une *erreur* qui attaque directement toute l'autorité fpirituelle.

Si on entre enfuite dans le détail de cette
conftitution civile du clergé, on ne peut fe diffi-
muler qu'elle fourmille d'erreurs. Je les parcours
rapidement.

1°. Elle fupprime 53 évéchés, c'eft-à-dire,
qu'elle rompt le lien très-fpirituel qui uniffoit

un pasteur toujours subsistant à un peuple de-meurant le même, lien qui imposoit à l'un l'o-bligation de conscience de paître, & à l'autre celle d'obéir. Or c'est une *erreur* manifeste d'in-vestir de ce pouvoir la puissance seculiere.

2°. En unissant un évêché éteint à un qui subsiste, elle communique une autorité locale en-tiérement spirituelle, à un évêque qui ne l'a-voit pas avant, autorité qui lui donne le droit de dicter des loix à la conscience des fideles qui n'étoient point tenus la veille de s'y sou-mettre. Si on n'appelle pas cela un droit tout spi-rituel, si la prétention que l'Assemblée ait pu le communiquer n'est pas une erreur, il faut chan-ger toute la valeur des termes.

3°. Elle crée métropolitain un évêque qui ne l'étoit pas, & ici, Monsieur, veuillez bien m'écouter un instant. Le métropolitain doit donner l'institution canonique, l'autorité juris-dictionelle à un évêque nouvellement élu. Le métropolitain revoit le jugement d'un évêque qui aura censuré la doctrine d'un prédicateur, ou dé-pouillé un prêtre de ses fonctions. Il confirme ou anéantit ces jugemens : qui lui donne ce droit que vous avouez bien être tout spirituel ? Comme évêque il ne l'avoit pas plus que tous ses con-freres, il ne l'a que comme métropolitain, & qui l'a fait métropolitain ? Un décret de la puissance civile : & ce n'est pas là une entreprise grossiérement erronée ? En ce cas , il faut abjurer toutes les notions même du bon sens. Et remarquez qu'il ne s'agit point d'un tribunal contentieux , d'une officialité avec apparat, qui emporte des effets civils , & que les princes ont pu donner ou ôter à l'église , il s'agit de cette jurisdiction dont parle saint Paul : Ne recevez point *d'accusation contre un prêtre*, à moins qu'il n'y *ait deux ou trois témoins.* (Ep. à Tim.) Voilà un tribunal , un accusé , un juge qui prononce. Mais comme tous les évêques peuvent n'être pas des Timothées , l'Eglise guidée par l'Esprit saint , a voulu sagement qu'il y eût un second degré de jurisdiction , un tribunal qui pût revoir le jugement où le prêtre condamné par son évêque pût appeler ; & c'est le métropolitain que l'église a établi & revêtu de cette autorité supérieure : ensorte que si la sentence est confirmée , le prêtre est tenu d'y déférer ; si elle est infirmée , son évêque ne peut pas le priver de ses fonctions. L'Assemblée seule a fait l'évêque de Rennes métropolitain ; le voilà établi supérieur des 10 évêques de son arrondissement , renvoyant leurs jugemens , les annullant ; & encore une fois , qui lui a donné ce droit plutôt qu'à l'évêque du Mans ? L'Assemblée : & ce n'est pas là un attentat à la jurisdiction spirituelle, & le soutenir légitime n'est pas une erreur ?

4°. Si un évêque meurt, l'église avoit pourvu dans tous les temps aux besoins de l'église veuve. Elle avoit chargé ou le métropolitain, ou le plus ancien évêque de la province, ou enfin le chapitre de la cathédrale, du gouvernement du diocèse, gouvernement que sans doute vous ne niez pas être bien spirituel. L'Assemblée en charge un prêtre qu'elle seule constitue vicaire administrateur, donnant des loix à 2 ou 300 curés, &c. Ainsi le sieur Denoux, qui n'est plus rien, sa paroisse de la Magdelaine étant supprimée, qui n'est que simple prêtre comme tous ses confreres honorés du sacerdoce, a acquis subitement une autorité supérieure, une jurisdiction très-réelle sur tous les prêtres, tous les fideles de Paris. Nous sommes tenus en conscience de lui obéir ; il nous donnera un mandement pour nous dispenser des loix de l'Eglise, pour nous permettre ce carême l'usage des œufs, du gras, &c. & ce pouvoir, il le tient de l'Assemblée. Et ce n'est pas là une erreur en matiere de religion ! A la bonne heure, c'est donc un délire dans l'ordre de la raison.

Je me lasse, Monsieur, de parcourir ces ex-

cès révoltans; ils fe reffemblent tous; le con-
feil forcé qu'on donne à l'évêque, fes vicaires
qu'on lui choifit, la validité de fes jugemens,
les entraves pofées à fa jurifdiction, tout eft de
la même force, & tout eft conftitutionel, & il
faut jurer de le maintenir : on croit rêver en
lifant de fi étranges affertions.

Mais je ne puis omettre de répondre à quelques difficultés qui peuvent faire impreffion fur
les gens, qui, fans principes fûrs, n'ont que des
idées tronquées fur ces objets, qu'il faut avoir un
peu étudiés pout en parler fenfément.

1°. J'ai avancé que l'Eglife feule (ainfi que
toute fociété), avoit le droit de conftituer fa
difcipline, & qu'elle le tient de Jefus - Chrift.
Donc, dites-vous, il s'enfuivroit que tous les
gouvernemens catholiques feroient obligés de recevoir tous fes réglemens avec foumiffion, « &
» qu'ils ne pourroient en rejeter fans manquer
» à l'Eglife; que la France a manqué à l'E-
» glife, en refufant de recevoir la difcipline du
» Concile de Trente ».

Voilà ce qui arrive quand on ne met aucune
précifion dans les idées. Qu'a-t-on répondu à
M. Camus? Que chacune des deux puiffances,
fpirituelle & temporelle, a feule le droit de

donner des loix dans fon reffort, de conftituer fon régime. Mais fi l'une empiete fur le territoire de l'autre, celle-ci a droit de l'arrêter. Remarquez-le, s'il vous plaît, elle ne prétendra pas modifier chez elle fes loix par d'autres ; *elle ne lui en donnera pas* : elle empêchera feulement que les loix étrangeres qui lui nuifent n'aient de l'exécution dans fon domaine. Ainfi dans votre exemple le Concile de Trente fait des réglemens fur le mariage, fur la légitimité des enfans, &c. qui influent fur le temporel, la France ne les a pas admis ; mais elle n'a pas entrepris d'y en fubftituer pour ce qu'il pouvoit y avoir de fpirituel. Si une Affemblée du clergé, fi un Concile national avoit fait des loix de difcipline que l'Affemblée nationale n'approuvât pas, elle pourroit les rejeter, & en empêcher l'exécution : mais eft-ce-là notre thefe ? Eft-ce-là ce qu'elle fait ? Non, elle n'arrête pas des réglemens, elle en donne à l'Eglife ; elle ne s'oppofe pas à fon régime, elle le conftitue ; elle place & déplace fes pafteurs : elle donne, ôte, reftreint, étend la jurifdiction, &c. Ne confondez donc plus toute les idées, de maniere à faire illufion aux fimples. « A l'Eglife, dit Bof» fuet en parlant de la difcipline, la décifion, » au Prince la protection ; la loi civile, qui par-

» tout ailleurs commande en Souverain , ici doit
» obéir & protéger. La puiſſance de l'égliſe n'é-
» tant autre que celle de Jeſus-Chriſt , eſt par-là
» même indépendante de celles des hommes.
» Vouloir la ſubordonner à la puiſſances civile ,
» c'eſt la détruire ». Et ſa *protection ſeroit*, dit
Fénélon , un *joug déguiſé , ſi elle prévenoit* ce que
l'*Egliſe réglera.* Je le répete donc, Monſieur,
& qu'on l'entende bien pour n'y plus revenir,
la puiſſance ſéculiere peut (quoique mal-à-pro-
pos quelquefois) rejeter tout réglement de diſcipline qu'elle croit lui nuire , qui entreprend ſur
ſes droits ; mais elle ne peut en faire , ſans entre-
priſe injuſte , ſans violence , parce qu'elle eſt totalement incompétente dans cet ordre : & voilà
contre quoi nous nous ſommes élevés.

2°. C'eſt pour n'avoir pas démélé ces idées,
que vous nous mettez en avant une diſtinction
entre la diſcipline *intérieure* & la diſcipline *extérieure.* L'abbé Grégoire nous préſente auſſi la
même chimere. Je l'appelle ainſi , parce qu'une
diſcipline *intérieure* eſt un être de raiſon. La
diſcipline ne peut jamais être qu'*extérieure.* Tout
ce qui eſt intérieur ne peut être qu'objet de
croyance , d'enſeignement , de principe de conduite. La *diſcipline* ne regle que des actes , une
conduite *extérieure* ; ainſi , par exemple , dans la

pénitence , le changement du cœur qui en fait l'essence , la maniere dont se forme ce changement de dispositions & d'habitudes , l'épreuve nécessaire pour s'assurer de sa réalité , la nécessité de réparer le passé , voilà l'*intérieur* de la pénitence , qui est toute en dogmes , en principes , en maximes. La maniere de s'assurer de ce changement , la durée de l'épreuve , ces différens degrés de pénitence que l'Eglise avoit établis , les peines satisfactoires qu'elle avoit graduées , voilà la discipline de la pénitence. Il en est de même de tout le reste , baptême , euchariftie : tout ce qui est intérieur est dogme & objet d'enseignement ; tout ce qui est intérieur est acte & objet de discipline.

Lors donc qu'on dit qu'à l'Eglise seule appartient de régler sa discipline , cela ne peut être jamais que d'une discipline extérieure , qui détermine des actes , des pratiques de culte , un exercice de jurisdiction très - spirituelle , quoiqu'extérieure.

Mais voici quel a été le principe de votre erreur : c'est que vous vous êtes imaginé que la discipline s'appeloit *extérieure* , dès-là qu'elle touchoit au temporel , à l'état civil : d'où vous avez conclu que la puissance civile pouvoit s'en mêler. Et on le voit par le trait que vous citez de S. Gregoire, que vous copiez très-bonnement dans Dupin, sans voir qu'il dépose contre vous. De quoi, en effet, étoit-il question? De gens qui, ayant des comptes à rendre, se faisoient moines pour n'être pas poursuivis, de soldats, qui, pour se dégager de l'enrôlement militaire, imaginoient d'entrer dans un monastere. Que fait l'Empereur? il défend qu'on ne reçoive le comptable, avant que ses comptes soient appurés (Loi qui est encore en vigueur, & avec raison), qu'on n'admette point les soldats, tant que dure leur service ; ce qui étoit fort raisonnable, & totalement de la compétence de la puissance séculiere, parce que, comme dit Dupin, cette loi concernoit le *gouvernement civil* ; & qu'eût-elle eu quelque inconvénient, parce qu'elle retardoit une retraite dans un monastere, elle n'avoit nullement un objet spirituel, que le prince ne statuoit que sur des intérêts de son ressort.

Rien n'est donc plus mal choisi qu'un pareil exemple, pour autoriser la puissance temporelle à se mêler d'une discipline qui regle des objets étrangers au temps, puisque cette loi étoit radicalement civile, quoiqu'ayant quelque relation très-éloignée avec les intérêts de l'Eglise, qui s'occupe peu fi tel ou tel peut être moine. Mais qu'auroit dit S. Grégoire, d'un décret qui auroit profcrit l'état religieux tout entier ? lui qui a cru pouvoir modifier l'exécution de la loi même de Maurice. Voilà ce que vous auriez vu fi vous aviez confulté les fources. Il faut donc que vous fachiez que les Empereurs envoyoient ces fortes de refcrits, qui, quoique civils, pouvoient intéreffer la religion aux préfets & aux patriarches, pour être communiqués aux métropolitains de leur patriarchat; mais que par une novelle de Juftinien (nov. 152), ces commiffaires avoient le droit, ou de fufpendre ou de modifier ces loix en avertiffant l'Empereur. Ce n'eft donc pas comme Souverain Pontife, mais comme délégué de l'Empereur, que S. Grégoire envoya cette loi, *ego juffioni fubjectus legem tranfmitti feci* (Leb. 2, Ep. 62), & comme pafteur il lui en fit fentir les inconvéniens. Mais en l'envoyant il ufa du droit de préfet, & manda aux métropolitains, que la loi qui regardoit les comptables devoit s'exécuter ponctuellement; qu'à l'égard des foldats il ne falloit les recevoir qu'avec beaucoup de choix & de précautions : *non effe temere fufcipiendos fed cum delectu.* (Vid. Marca, edit. 3ᵉ, prolg., p. 39, & lib. 2, ch. XI.)

Enfin au défaut de bonnes raifons, vous nous

faites une bruyante amplification des abus énormes qui régnoient dans l'Eglife , de la néceffité de les réformer , de l'aveuglement du Clergé, qui croyoit n'avoir pas befoin de réforme, &c. voilà des mots *verba & voces :* & voici une réponfe fans réplique. C'eft que ces abus , il falloit les réformer ; c'eft que ces défordres, il falloit les couper par les racines ; c'eft que l'Affemblée étoit toute puiffante pour le faire, fans qu'on eût pu y oppofer la plus foible réfiftance ; c'eft qu'elle pouvoit anéantir les annates , les refcrits de cour de Rome , les indults, le concordat tout entier , en rétabliffant la *Pragmatique fanction* , dreffée par la nation à l'affemblée de Bourges , confirmée par le Concile de Bafle , qui rappeloit les vraies & canoniques élections. Eft-ce-là ce qu'elle a fait ? Non : à la place d'abus contre lefquels on avoit fans ceffe réclamé , elle en a conftitué qu'on doit jurer de *maintenir :* des abus, elle en a fait *des loix ;* aux brèches faites à la difcipline, elle a fubftitué un régime profane anti-hiérarchique , qui la foule aux pieds.

Et vous venez nous dire qu'elle a *puifé dans la vénérable antiquité* , cette nouvelle conftitution (p. 44) : nous prenez - vous donc pour des bonnes dévotes qui n'ont jamais rien lu ?

Eſt-ce dans *l'antiquité qu'elle a puiſé* ces monſtrueuſes élections d'évêques par des laïcs, des proteſtans, des comédiens ; lorſque Fleury vous dit que, lors de la vacance du ſiége d'une égliſe, le métropolitain s'y rendoit avec ſes ſuffragans, & qu'après avoir conſulté le clergé, les moines, le peuple, ils choiſiſſoient l'évêque comme les interprêtes de Dieu même, *judicio Dei*, que l'égliſe a ſuivi cette *marche pendant 600 ans, & qu'elle s'en eſt bien trouvée*. (diſ. 7.)

Eſt-ce dans *l'antiquité qu'elle a puiſé* ces nominations ſans exemple de curés choiſis, non-ſeulement ſans le concours de l'autorité eccléſiaſtique, mais ſans les fideles même qu'ils auroient à gouverner ; tandis que dans ces beaux ſiecles l'évêque ſeul avoit la diſpoſition de tous les miniſtres eccléſiaſtiques, en conſultant ſon clergé. (ſaint Cyprien.)

Eſt-ce dans *l'antiquité qu'elle a puiſé* cette bizarre juriſdiction d'un vicaire épiſcopal, qui ne l'a point par ſon caractere puiſqu'elle ſeroit commune à tous les prêtres, qui ne peut la tenir de l'évêque mort, puiſqu'il ne peut rien perpétuer après lui, qui ne la tient point de l'égliſe qui n'a jamais connu que le métropolitain, ou le plus ancien évêque de la province, ou le chapitre de la cathédrale.

Eſt-ce dans *l'antiquité qu'elle a puiſé* le droit de donner un évêque à un peuple qui n'en avoit point, elle qui vouloit qu'il ne pût jamais en recevoir que du concile plénier de la province, & du conſentement de l'évêque à qui l'égliſe appartient ? (3 Conc. de Car.)

Eſt-ce dans *l'antiquité qu'elle a puiſé* ces odieuſes ſuppreſſions d'évêchés qui donnent à un premier paſteur 3 ou 400 cures à gouverner médiatement, ſans compter la conduite immédiate de la ſienne, lorſqu'au contraire, dans les beaux ſiecles de l'égliſe, on ne penſoit qu'à les multiplier, puiſque dans l'Afrique ſeule, qui ne valoit pas la moitié de la France, il y avoit 400 évêques.

Enfin, car il faut nous tirer de ces déplorables ruines, *eſt-ce dans l'antiquité qu'elle a puiſé*, ces arrondiſſemens inſenſés de paroiſſes, qui font faire trois lieues par jour à de miſérables payſans s'il veulent aſſiſter aux offices ; qui placent à Paris une ſeule paroiſſe dans une enceinte où nos peres, auſſi habiles, mais plus chrétiens que nous, en avoient mis douze, parce qu'ils avoient appris de Jeſus-Chriſt qu'il faut *que le paſteur connoiſſe ſes brebis, & que ſes brebis le connoiſſent.*

Savez vous, Monſieur, où eſt puiſée cette conſtitution ?

conftitution ? Dans celle qui a bouleverfe l'églife anglicane fous Henri VIII. Edouard & Elifa-beth. Lifez les 7 & 10_{eme} livres des variations de Boffuet, vous y verrez le plan, les ma-tériaux & les moyens employés par nos *Cram-mer* pour travailler la conftitution du clergé comme la conftitution civile.

Et c'eft de ces opérations monftrueufes que vous attendez les plus grands biens, la régé-nération de l'églife de France. Non, Monfieur, les fruits reffembleront à l'arbre, & c'eft bien ce que veulent les promoteurs fecrets de cette befogne, ceux qui ont décerné une ftatue pour l'impie & licentieux Rouffeau.

L'impoffibilité de fréquenter les paroiffes les fera déferter ; peu-à-peu le culte fera négligé dans les campagnes, le peuple ne conferverz plus aucun refpect pour des pafteurs qu'il crée & ftipendie ; les prêtres ne s'occuperont qu'à capter la bienveillance des habitans, qu'à fe mé-nager des fuffrages pour les cures ; les parens, les amis s'obligeront tour-à-tour ; la fermeté mâle & facerdotale fera méconnue, parce qu'elle nuiroit à l'avancement ; la réferve fans hauteur fera place à une baffe familiarité : & la religion difparoîtra peu à-peu, lorfque fes miniftres transformés en vils *fonctionnaires* auront été jettés dans la claffe

des falariés, que par l'enlevement de leur pa-
trimoine, on leur aura ôté le moyen & de
s'affectionner le peuple qu'ils fecouroient , & de
maintenir le refpect dû aux folemnités en leur
confervant un dehors impofant.

Il faut vous rendre juftice, vous avez trop
de fens pour ne pas entrevoir quelque chofe
de ces fuites déplorables , mais enfin, dites-vous,
l'Affemblée ne reculera pas , & voilà le fchifme
établi ! Et pourquoi, s'il vous plaît , l'Affemblée
ne reculeroit-elle pas? Eft-ce qu'elle ne l'a pas
déja affez fait ? Combien de décrets contradic-
toires, d'articles prétendus additionnels qui anéan-
tiffent le principal? N'a telle pas reculé vis-à-
vis les fections de Paris à qui elle avoit défendu
des affemblées qu'elles ont tenues malgré fes décrets? N'a-t-elle pas reculé pour fon décret fur
les fabriques & le jour même qu'on le figni-
fioit, la fection de faint Paul ne s'eft-elle pas
affemblée pour changer une adminiftration à la-
quelle ou défendoit de toucher? N'a-t-elle pas
anéanti celui qui renvoyoit l'organifation des
paroiffes à la prochaine légiflature? Oh! fans
doute, le fchifme eft infiniment redoutable. Mais
vive Dieu , pourroient vous dire avec le prophete
(Rois liv. 3 , chap 18) , les pafteurs à qui vous
voudriez l'imputer, qui met le trouble dans la

maison d'Ifraël, ou vous qui bouleverfez tout
le régime de l'églife, ou nous qui nous bornons
à défendre fes droits ? Qui fait le fchifme ? Ou
vous qui arrachez les troupeaux à leurs pafteurs
légitimes, ou nous qui refufons de les abandon-
ner à des intrus ? Qui eft coupable de fchifme
ou celui qui ufurpe une autorité que l'églife ne lui
a pas confiée, ou le miniftre à qui elle l'a donnée
& qui ne peut fans crime s'en deffaifir?

D'ailleurs, où avez-vous pris, Monfieur, qu'il
foit permis de faire un mal, parce qu'il plaira
à d'autres d'en faire un plus grand ? On vous
a tant dit que la crainte même d'une excom-
munication injufte ne devoit pas empêcher de
faire fon devoir, pourquoi voulez-vous que les
évêques manquent aux leurs, pour empêcher un
fchifme qu'ils déteftent, qu'ils ne provoquent point,
& dont l'Affemblée feule feroit la caufe; fans motif,
fans befoin, fans intérêt même dans l'ordre politique ? Vous leur fuggerez, il eft vrai, un expédient
admirable, c'eft de donner leur démiffion ; mais
outre qu'il ne le peuvent pas, qu'ils ne font pas
les maîtres de rompre le lien facré par lequel
l'églife les a unis à leurs églifes, il faut vous
montrer que cette foibleffe ne rémedieroit à rien :
en voici la preuve.

Je fuppofe que les 53 évêques dépofés, j'ofe

dire ridiculement, fe démettent, voilà 53 fiéges vacans; leur démiffion n'opere abfolument que cela, il faut les remplir. Qui remplacera ces évêques? Quelle autorité? Je prends pour exemple *Laon* qui eft éteint, ainfi que *Noyon*. Ces évêchés tiennent à Beauvais & à Soiffons. Quelle portion va échoir à Beauvais? quelle à Soiffons? fans doute les paroiffes de leurs département refpectifs. Comment vont-ils être revêtus de l'autorité fpirituelle fur les fideles de ces paroiffes? Qui va leur conférer le droit & leur impofer le devoir de les paître? Vont-ils s'en inveftir eux-mêmes? Voilà des voleurs qui n'entrent pas par la porte, & des intrus qu'il eft impoffible de reconnoître. Eft-ce l'Affemblée Nationale qui va former ce nœud facré? Voilà donc la puiffance temporelle qui donne une miffion toute fpirituelle. --- Il ne faut point ici de phrafes, de déclamations, mais une réponfe nette & précife. L'épifcopat folidaire, la jurifdiction univerfelle feroit ici une échappatoire méprifable; une telle folidarité donne le même droit à l'évêque de Beauvais qu'à celui de Soiffons : pourquoi l'un aura-t-il plutôt que l'autre, l'exercice de la jurifdiction épifcopale fur telle ou telle autre partie du troupeau? Comment perfuaderez-vous aux pafteurs inférieurs & aux fideles éclairés qu'ils

doivent la foumiſſion à des hommes ſans miſ-
ſion, ſans autorité perſonnelle ſur eux, quel'é-
gliſe ne met point à leur tête? Ne voyez-vous
pas que, quelque parti que prenne l'Aſſemblée,
ſi, comme vous le dites, elle *ne veut point recu-
ler*, elle ne peut échapper au reproche du ſchiſme
qu'elle aura provoqué? Que ſeroit-ce ſi j'y ajou-
tois & tous les évêques chaſſés de leurs ſiéges,
& les curés expulſés de leurs paroiſſes, pour n'a-
voir pas pu étourdir leur conſcience ſur un ſerment irréligieux? Vous voulez donc ramener
cette chimère des excommunications *ipſo facto*
contre leſquelles nous avons tant réclamé? Et
vous nous direz que ceux qui les remplaceront
ne ſeront pas des intrus, & vous nous accu-
ſerez d'un ſchiſme, que vous-même appellez contre les paſteurs les plus amis de la paix?

Vous avez bonne grace après cela de vouloir faire la leçon à vos ſupérieurs, de dire inſo-
lemment aux évêques *qu'ils ne doivent pas s'y
méprendre, que c'eſt-là où on les attend pour apprécier leur civiſme.* Leur civiſme eſt *d'obéir aux
loix*, non à ce qui les viole; de reſpecter le
Souverain, de tout céder...tant qu'il n'eſt queſtion que d'intérêts temporels; comme ils l'on fait
ſans la moindre réclamation. Mais ils ſeroient
mauvais citoyens s'il n'étoient pas avant tout

serviteurs de Dieu , & l'Etat devroit suspecter leur fidélité , s'ils avoient la lâcheté de manquer à Dieu à la religion & à leurs sermens.

« Je ne dois pas finir sans relever deux endroits de votre lettre qui ont soulevé toutes les ames honnêtes & impartiales. Vous ne craignez pas d'appeler *heureuse* une révolution qui a pour bâse la dissolution de tous les principes moraux & religieux , la confusion de tous les pouvoirs , l'anéantissement de toute force publique ; qui ne propage la liberté que sous les étendards de la licence , qui met le trouble à la place de la paix , & du papier à la place de l'argent. Que dis-je , une révolution qui ne s'est présentée que sous des images de sang & de carnage ; qui partout où elle pénétre , traîne avec elle la violence l'oppression & la barbarie , (Aix , Avignon , Cavaillon , &c.) qui a fait de la France une caverne de brigands ; & qui a vanté tous ces excès qui font frémir , comme l'effet d'une insurrection légitime , comme les conquètes de la liberté , comme une leçon donnée aux nobles , aux prêtres , & aux Rois.

Bien plus , vous faites un crime aux pasteurs de ne s'être point élevés contre ces excès d'un peuple que vous appelez bénignement *égaré* , & qui est plus que féroce. Ignoriez-vous donc que ceux qui ont tenté de le faire, ont été infultés, maltraités, qu'on les a menacés de la lanterne, comme prêchant contre la révolution; que l'évêque de Nantes pour cela feul a eu peine à échapper à la fureur de ce bon peuple *égaré*, que l'évêque de Nancy a penfé éprouver le même fort, &c. Ignorez-vous qu'au milieu de Paris on établit dans les places fur les ponts (*quæque ipfe miferrima vidi*) de miférables bandits qu'on paye, pour prêcher l'impiété à la populace, pour l'ameuter contre les prêtres, en lui lifant des feuilles incendiaires, qui les invitent à fecouer le joug des prêtres, comme Avignon a fecoué *celui des prêtres de Rome.*

Ce n'eft pas tout, vous vous applaudiffez de ce que cette heureufe révolution *a couté fi peu de fang.* On ne peut excufer ce fang froid de la barbarie, qu'en difant que vous êtes étranger à tout le royaume, que vous ne lifez que ces journaliftes payés pour préfenter tout en beau. Eh! pénétrez dans nos provinces, écoutez les fanglots des malheureufes victimes de cette *heureufe* révolution; vous apprendrez qu'on y pleure une multitude de citoyens ou égorgés ou chaffés de leurs foyers, des milliers d'autres qui ont vu leurs maifons pillées, incendiées, &c.; &, qu'on le remarque bien, pourquoi les révolutions ordinaires font elles fouillées par le fang ? C'eft que ceux qui font contre le parti dominant lui oppofent une réfiftance qui amene la guerre, le carnage. Mais ici ce font les opprimés qui font demeurés calmes, qui n'ont pas tiré une amorce, & qui ont encore été pourfuivis par leurs oppreffeurs. Le clergé n'a pas même fait entendre le cri de la fenfibilité : la nobleffe a été accablée du reproche de lâcheté pour avoir montré une patience fans exemple : il a fallu, au défaut de crimes réels, lui en fuppofer d'imaginaires, forger de prétendues contre-révolutions, créer un tribunal hideux, pour accueillir les délations, les calomnies, pour fouiller par le defpotifme une liberté qui n'exifte que dans le nom, faire languir dans les prifons des citoyens qu'on a été obligé de renvoyer enfuite comme innocens, &c.

Oui, Monfieur, béniffez *la Providence* de cette patience héroïque, mais non pas de toutes les horreurs qu'elle a permifes pour venger fur nous fa juftice trop long-temps méprifée.

Je vous quitte, Monfieur, & vous laiffe, en finiffant, à méditer cette réflexion fi fage d'un auteur que vous connoiffez.

« Rien n'eft plus contraire à l'efprit de Dieu
» & à la doctrine de Jefus-Chrift que de ren-
» dre les fermens communs dans l'églife, parce

» que c'eſt multiplier les occaſions de parjure,
» dreſſer des piéges aux foibles & aux ignorans,
» & faire quelquefois ſervir le nom & la vérité
» de Dieu aux deſſeins des méchans. (T. 1,
» ch. 5, v. 37 »).

J'ai l'honneur d'être, &c.

Ce 25 Janvier 1791.

SUPPLÉMENT.

IL eſt juſte de jetter un coup-d'œil ſur l'é-
crit de M. l'abbé Grégoire, qui a entrepris auſſi
de *légitimer* le ſerment civique. Un préſident de
l'Aſſemblée mérite bien l'honneur d'une réponſe.

Tout le commencement eſt un pur para-
logiſme peu convenable à un écrivain de bonne
foi. En effet l'Aſſemblée reconnoît qu'elle n'a
aucune autorité ſur le dogme, la hiérarchie,
l'autorité ſpirituelle de l'égliſe; que tout cela eſt
hors de ſon domaine. Cette majeure eſt avouée,
reſte la mineure. L'Aſſemblée a-t-elle envahi
ce domaine? A-t-elle porté atteinte à cette hiérarchie? aux droits eſſentiels de l'égliſe? M. Gré-

goire prétend que *non* , nous lui foutenons *oui* : voilà donc ce qu'il nous falloit difcuter , & ne pas nous donner pour preuve qu'elle n'a point touché à ces objets, cette petite équivoque, qu'elle a nommé fa conftitution , *conftitution civile* , quoiqu'elle ne regle rien du civil , aucun intérêt temporel , mais des objets totalement fpirituels.

Vient enfuite la répétition des mêmes chimères , des mêmes erreurs tant refaffées, de circonfcription , de territoire , de droit de la nation de diminuer ou de multiplier les évêchés, les paroiffes , fuivant les befoins ; comme fi la nation , confidérée fous ce rapport de puiffance civile , pouvoit même connoître ces befoins tout fpirituels & du reffort de l'éternité , l'étendue des fecours néceffaires pour y pourvoir ; à peuprès comme fi l'églife déterminoit le nombre des tribunaux fupérieurs ou inférieurs, en confultant les befoins des jufticiables.

Et enfin le tout terminé par cette futile diftinction de difcipline *intérieure* & *extérieure* que je viens de réduire à fa vraie valeur.

Mais voici du neuf. M. Grégoire nous cite, non plus de ces canons de Chalcédoine qu'on avoit répété avec oftentation , fans même les entendre , mais un canon *précis, décifif de l'églife grecque. Lici-*

tum est imperatori de ecclesiasticarum provincia-
rum finibus definire, & aliquarum privilegia au-
ferre, & episcopales urbes iterùm metropolium
honore donare & alia hujusmodi facere. « Il est
» permis à l'empereur de déterminer les bor-
» nes des provinces ecclésiastiques, de priver
» quelques-unes de ses priviléges, & de con-
» céder à des villes épiscopales l'honneur de mé-
» tropole qu'elles n'avoient pas ». Et il cite le
P. Labbe. Tom. 11, page 125.

Je suis bien fâché de dénoncer à l'Assemblée
son président comme coupable de faux. Il n'y
a pas le mot de ce prétendu canon dans le Pere
Labbe, pas un mot dans aucune collection des
canons de l'église grecque, avant le schisme. Où
donc M. le curé d'Embermenil a-t-il pris cette
phrase précieuse ? Il n'en fait rien ; on la lui a
donnée, & il l'a employée. Il faut lui appren-
dre qu'elle est tirée de l'ouvrage d'un moine du
13eme siecle (1). Ce texte ne mérite que le mépris, d'autant plus que ce n'est pas même un
canon, mais la citation d'un auteur qui écri-

______

(1) Le Moine Matthieu, appellé aussi Blastarès, qui
a fait un ouvrage intitulé, *Syntagma alphabeticum,* &
qu'on trouve dans Beverege pag. 125.

voit dans un temps où les écrivains grecs avoient pouſſé la flatterie juſqu'à donner à l'empereur le droit d'enſeigner en matiere de foi. (Marca, lib. 2, cap. 6, n° 5.)

M. l'Abbé Grégoire cite enſuite un paſſage de ſaint Grégoire de Nazianze, à qui il fait dire que l'empereur « a le droit d'abattre une » égliſe, de ſupprimer un diocèſe, de confiſ- » quer un *bénéfice*, mais qu'il ne peut pas en- » lever une ligne de l'évangile.

Je pourrois lui répondre que l'empereur peut tout cela par la violence & la force, que cette violence peut même réuſſir de fait, & qu'elle échoueroit contre l'évangile. Mais j'ai une ré- ponſe plus courte, c'eſt que comme il ne cite point l'endroit, je ſuis autoriſé à lui nier encore cette citation; & parce qu'elle eſt pleine d'igno- rance, attendu que du temps de ſaint Grégoire mort en 391, il n'y avoit pas encore de *bé- néfices*, ni plus d'un ſiecle après, & parce que M. de Tillemont qu'il cite, n'en dit pas le mot, (Tom. X, N° 2, & non § 2, puiſqu'il n'y a point de paragraphe dans Tillemont.)

De-là, l'auteur paſſe à une nomenclature faſ- tueuſe d'évêchés, de métropoles érigées par les empereurs dans tous les pays.

Que répondre à des aſſertions auſſi tranchantes ? J'avoue qu'il eſt *pénible de le dire*, mais tout cet étalage d'érudition porte encore ſur le faux.

Cantorberi a été érigé par le roi Ethelberg. On a démontré le contraire (dans *la réplique au développement de M. Camus*) par Fleury, le Pere Alexandre, Rapin Thoiras, Smolette ; mais puiſqu'on y revient, écartons-le donc à jamais par des autorités irréfragables.

Le vénérable Bede, (Hiſt. Eccl. pag 26) faiſant l'hiſtoire de l'apoſtolat de ſaint Auguſtin, dit qu'il commença par s'établir dans une ancienne égliſe bâtie par les Romains ; que le roi Ethelberg s'étant converti, lui donna un lieu plus convenable & différentes poſſeſſions à Doroverne, où Auguſtin *avoit établi ſon ſiége.*

Guillaume de Malmesbury, (Lib. 3, fol. 65,) rapporte une lettre du pape Boniface V, mort en 625 à Juſte, troiſieme archevêque de Cantorbéri, où il lui rappelle que le pape ſaint Grégoire avoit établi Doroverne (ou Cantorbéri) métropole de toute l'Angleterre.

Creſſi, dans ſon hiſtoire de l'égliſe d'Angleterre, (liv. 13, p. 298) écrit que c'étoit Londres que le pape avoit déſigné, mais que cette déſignation n'avoit pas eu ſon effet, parce que, comme je l'ai dit, Auguſtin fit changer d'idées à saint Grégoire. Et *Parcker* lui-même, un des succeſſeurs de ſaint Auguſtin dans ce ſiége, quoiqu'apoſtat, ne donne point d'autre fondement à ſa juriſdiction que la conceſſion faite par ſaint Grégoire à ſaint Auguſtin : or dans tout cela nulle mention que le roi y ait eu la moindre part.

Malmesbury raconte même qu'Offa, roi des Merciens, *avoit obtenu du pape Adrien* de partager la métropole de Cantorbéri en deux, & d'ériger Lichefeld en métropole, par haine contre Lambert; mais que Kénuf, ſucceſſeur d'Offa, ſe plaignit au pape Léon de cette diviſion, & ques les choſes furent rétablies dans leur premier état. (On peut en voir le détail dans Malmesbury, lib. 1, fol. 16.)

Polydore Virgile cité par Uſſérius (*de eccleſiaſticarum Britannicarum primordiis p. 68.* Edit. de Dublin) dit également que ſaint Auguſtin agit auprès de ſaint Grégoire, pour que le ſiége métropolitain qui avoit été à Londres ſous le roi Luce, fut transféré à Doroverne.

Enfin les ſavans Bénédictins, éditeurs de ſaint Grégoire, répétent les mêmes choſes.

En voilà trop, & ce ſeroit ennuyer le lecteur de s'appéſantir plus long-temps ſur un point auſſi démontré. --. Je ne dirai qu'un mot de tous les autres.

« Juftinien , felon M. Gregoire, *décida* que
» les villes réunies à la Paphlagonie refteroient
» foumifes à leur ancienne métropole ».

Eh ! M. lifez , & ne vous en rapportez pas
ainfi à ceux qui compilent pour vous. — Juftinien ne *décida* point parce qu'il n'y avoit rien
à décider. Il ne parle point de villes réunies à
la Paphlagonie ; de deux provinces de ce nom
il n'en forme qu'une, mais il n'a garde d'entreprendre d'unir ces deux métropoles, d'en anéantir une ; il déclare feulement qu'elles reftent ce
qu'elles étoient. Voyez dans Marca (Lib. 2 , cap.
9 , n°. 3.) cet édit qui dépofe précifément contre
vous.

*Utrecht a été érigée par Pepin & Charles Mar-
tel* : fable toute pure. L'évêché d'Utrecht étoit
fondé avant que Charles Martel & Pepin euffent
aucune part au gouvernement , favoir l'an 698 ,
par Willebrod , Miffionnaire Anglois envoyé par
le Pape Sergius , pour toute la Frife. Thomaffin ,
fi mal cité fouvent , dit formellement que cet
évêché avoit été établi par Willebrod. Il rapporte même qu'après fa mort , Carloman pria
Boniface de Mayence de pourvoir d'un évêque
cette ville, que l'évêque de Cologne vouloit foumettre à fa puiffance, que Boniface pria le Pape
d'affurer à cette églife fon immunité. C'eft ainfi,

dit Thomaſſin, que l'autorité du Pape & celle du Prince temporel concoururent pour aſſurer la liberté & la ſtabilité d'un Evêque nouvellement établi. (Diſcipl. eccl. part. 1 , lib. 1 , ch. 41 , n°. 12.)

Brême érigé par Charlemagne : point du tout, mais par le pape Adrien, puiſque Charlemagne atteſte, dans l'acte même d'érection, que cette égliſe avoir été confiée à Widhéalde , non-ſeulement par le précepte du pape Adrien, mais de l'avis de l'évêque de Mayence & de tous les évêques qui ſe trouverent aſſemblés. (Thomaſſin liv. 1. c. 43.)

Magdebourg par Othon le grand. Même erreur. Magdebourg étoit ordinairement de l'évêché d'Alberſtad. Il fut érigé en archevêché en 967 dans un concile tenu à Ravenne, & préſidé par le pape Jean XIII, ſuivant le P. Labbe, (tom, 9 , col. 678) & le P. Pagi ; qui obſerve que dès 962 le Pape Jean XII avoit donné une bulle pour le même objet. Mais que comme il falloit *le conſentement* de l'Evêque (1) d'Alberſtard, dont on démembroit le dioceſe , l'affaire ne

---

(1) On avoit dans ce temps , où on ne ſe régénéroit pas encore, la ſimplicité de croire ce conſentement néceſſaire.

fut

fut confommée que cinq ou fix ans après. (Pagi, ad annum 967, n°. 17.)

Hambourg dont Louis premier détermina l'arrondiffement. Toujours les mêmes équivoques. C'eft dans un concile que ce pieux empereur, defirant accomplir le vœu de fon pere, fit établir la métropole d'Hambourg *fuivant Adam,* dans fa chronologie citée par Thomaffin (liv. 1, ch. 43.) , ce que le pape Grégoire IV confirma par l'autorité apoftolique & la conceffion du pallium.

Encore fept évéchés & deux métropoles créés en Pologne par Méciflas.

Qu'on ouvre l'hiftoire de Pologne pat Longin, Chanoine de Cracovie, on verra qu'à la demande de Miciflas, ce fut le Cardinal de Tufculum envoyé par Jean XX qui fit cette opération, qui pofa les bornes de chacun des diocèfes (Thomaffin, tom. 1, liv. 1, ch. 45), & que fuivant la chronique d'Hildesheim citée par le P. Pagi, ces élections fe firent dans toutes les regles, par délibération d'un concile, & avec l'agrément du pape.

Il feroit fuperflu de difcuter le fait, fi c'eft Miciflas, ou, felon les Auteurs de *l'art de vérifier les dates,* Othon III qui a fait ériger *Gnefne,* dès qu'il eft certain que ç'a été par l'autorité eccléfiaftiqué. (Marca l. 2 , ch. 9.)

Enfin , car il faut finir cette laffante difcuf-
fion , *Léon le fage a affigné le rang aux
évéchés de l'empire*. D'abord cela n'eft pas tout-
à-fait exact ; il n'étoit queftion que des fiéges
foumis au patriarchat de Conftantinople : mais
M. Grégoire, qui cite Thomaffin, n'y a donc
pas lu « que ce édit eft un infigne monu-
» ment de la puiffance fans bornes que la lâ-
» cheté & la flatterie des évêques fchifmatiques
» grecs laiffoient alors aux empereurs, juf-
» qu'à leur attribuer le droit de créer de nou-
» velles métropoles, de difpenfer de tous les
» canons, même des conciles œcuméniques ».

Terminons ceci par une obfervation décifive ;
c'eft que les érections d'évêchés & de métropoles par les empereurs, n'ont d'autre fondement
que certaines expreffions équivoques des hifto-
riens, qui, comme l'obferve faint Auguftin à
l'égard des Pélagiens, *fecuriùs loquebantur vobis
non litigantibus*, qui difent que Charlemagne,
Louis-le-Débonnaire & les autres, ont érigé des
évêchés à Brême, à Hambourg, &c. lorfqu'eux-
mêmes déclarent que ç'a été par l'action de la
puiffance eccléfiaftique, par des bulles de Grégoire IV, Léon IV, Nicolas I ; en forte qu'ils
les ont érigés comme des laïcs fondent des ab-

bayes & des bénéfices : ils ont déclaré leurs
defirs, fourni les fonds & préparé les voies à
l'action de la puiffance fpirituelle.

Mais pourquoi M. Grégoire & les autres
infiftent-ils toujours & uniquement fur ces créa-
tions d'évêchés? L'érection eft-elle le plus grand
grief que nous intentions contre la conftitution
civile du clergé? Non, c'eft la deftruction,
c'eft cette entreprife inouie, auffi funefte à la
religion qu'attentatoire aux droits de propriété
des peuples, qui a fait anéantir 53 fiéges épifcopaux. Or, je défie M. Grégoire & tous les
apologiftes de la conftitution, de me citer pendant 1800 ans un feul exemple de pareille entreprife tentée par la puiffance féculiere.

Quand des princes perfécuteurs ont voulu fe
débarraffer d'évêques qui leur déplaifoient, ils
ont pris la forme réguliere en apparence de les
faire dépofer par des conciles. Telle a été la
conduite tenue à l'égard de faint Chryfoftôme
par ordre de l'empereurs Arcade dans le con-
ciliabule du Chêne, à l'égard de faint Ignace
dans celui de Conftantinople par les intrigues
de Bardas, &c.

Oh! nous dit-on, la nation paye le culte,
falarie fes miniftres, & il eft de fon intérêt d'en
diminuer le nombre. Eh! qui vous prie de les

falarier ? Ils l'étoïent fans vous : que ne leur laif-
fiez-vous ce que l'équité des peuples avoit con-
facré à leur entretien, en veillant à une plus
fage diftribution ? Etoit-ce trop exiger que de
vous demander de faire aux catholiques la même
grace qu'aux proteftans, à qui vous avez laiffé
leurs poffeffions, en vous difpenfant de payer
leur culte ?

Il faut rendre juftice à M. l'abbé Grégoire ; il ré-
clame hautement contre l'injuftice de l'Affemblée,
qui a traité cruellement les curés dans la ché-
tive penfion qu'on *leur payera, ou qu'on ne leur
payera pas,* après en avoir défalqué le quart
pour leur contribution aux impôts ; contre la
barbarie qui après avoir écrafé le clergé, laiffe
verfer impunément fur lui le fïel dela haine & le
venin de la calomnie, fouffre qu'on attife la fureur du peuple par des comédies données *gratis,*
des chanfons infâmes, des gravures meutrieres :
enforte que ces cannibales foudoyés parlent
d'égorger comme on parle de manger & de
dormir. (pag. 29 & 30.)

Eh bien ! A-t-on eu tort de *dévoiler* & de
dénoncer tous ces faits comme une *confpiration*
notoire contre la religion ? Voilà M. Grégoire
un des plus grands panégyriftes de la révolution qui nous dit que les pafteurs font pour-

(53)

fuivis jufques dans les temples , devenus les théâtres des cabales, des blafphêmes & même des fureurs fanguinaires ; que loin que les municipalités leur aient par-tout fervi d'égide , ils n'ont trouvé dans *mille* municipalités *que des bourreaux en écharpe.* (page 30.)

Que doit-il en réfulter ? Que le mépris de la religion fuccédera à celui des miniftres , que la morale fans confiftance, fans point d'appui s'éteindra rapidement dans le défordre d'une cor-ruption profonde. (p. 30.)

Voilà cependant ce que des imbécilles , ou qui croyent fans doute que nous le fommes , veulent nous faire envifager comme la régénération de l'églife , comme le rétabliffement de fon ancienne fplendeur. Voilà les moyens bien étranges affu-rément qu'une providence miféricordieufe réfer-voit dans les tréfors de la fageffe pour rappeller les anciennes regles, la précieufe difcipline de l'antiquité. Hélas ! ils devroient plutôt nous exhorter à gémir fur des fléaux qui , fi Dieu n'y met la main, feront difparoître bientôt la religion de ces contrées où elle a été fi brill-lante , par les grandes lumieres & les grandes vertus qui les ont illuftrées. *Quod omen aver-tat Deus !*

Ce 26 Janvier 1791.

Se trouve chez DUFRÊNE, Libraire , au Palais.